BEI GRIN MACHT SICH IHR WISSEN BEZAHLT

Mirko Wulf

Auftritt und Bedeutung des Alkibiades in Platons „Symposium"

GRIN Verlag

Bibliografische Information der Deutschen Nationalbibliothek:

Die Deutsche Bibliothek verzeichnet diese Publikation in der Deutschen National-
bibliografie; detaillierte bibliografische Daten sind im Internet über http://dnb.d-
nb.de/ abrufbar.

Impressum:

Copyright © 2009 GRIN Verlag, Open Publishing GmbH
Druck und Bindung: Books on Demand GmbH, Norderstedt Germany
ISBN: 978-3-640-89456-7

Dieses Buch bei GRIN:

http://www.grin.com/de/e-book/168764/auftritt-und-bedeutung-des-alkibiades-in-
platons-symposium

GRIN - Your knowledge has value

Der GRIN Verlag publiziert seit 1998 wissenschaftliche Arbeiten von Studenten, Hochschullehrern und anderen Akademikern als eBook und gedrucktes Buch. Die Verlagswebsite www.grin.com ist die ideale Plattform zur Veröffentlichung von Hausarbeiten, Abschlussarbeiten, wissenschaftlichen Aufsätzen, Dissertationen und Fachbüchern.

Besuchen Sie uns im Internet:

http://www.grin.com/

http://www.facebook.com/grincom

http://www.twitter.com/grin_com

Name: Mirko Wulf

Studienfächer: Philosophie (7. Semester) // Musik (5.Semester)
Seminar: *Platon: Symposium und Phaidros*

Datum: 25.02.09

Auftritt und Bedeutung des Alkibiades in Platons „Symposium"

Ausarbeitung eines Großen Referates zur Absolvierung des dritten BfP-Moduls im Kernfach
Philosophie an der TU Dortmund

Inhaltsangabe

Einleitung

Über Form und Inhalt dieser Arbeit

Gegenstand dieser Arbeit ist die schriftliche Ausarbeitung meines Referates zur textübergreifenden Interpretation des Auftritts des Alkibiades in Platons *Symposium*, vorgetragen am 24.11.08.

Das Anliegen ist es, die Ergebnisse meiner Analyse über die Bedeutung von Alkibiades' Lobrede auf Sokrates systematisch zu erläutern, und sie weiterführend, in Anbetracht allgemeiner und kanonisierter Auffassungen über das *Symposium*, in sinnvollen Thesen zusammenzufassen.

Die allgemeinen Ansichten zur Grundthesis des *Symposiums* und eine Kontextualisierung von Alkibiades' Auftritt stelle ich der Erläuterung meiner Analyse voran. Die Erläuterung meiner Analyse selber beinhaltet Alkibiades' Meinung von und sein Verhältnis zu Sokrates, sowie den Rückbezug zur vorher dargestellten Grundthesis. Enden werde ich mit einer abschließenden Betrachtung.

Somit ergibt sich folgende Dreiteilung:

A. Erörterung des thematischen Rahmens (Grundthesis und Kontextualisierung)
B. Analyse (Alkibiades' Verhältnis zu Sokrates und Rückbezug zur Grundthesis)
C. Eigene Beurteilung und Reflexion

Inhaltlich beschäftige ich mich im B-Teil insbesondere mit den Gleichnissen, die Alkibiades in seiner Rede anwendet, um Sokrates zu huldigen, zumal diese in Platons Dialogen in der Regel den Kern des zu Vermittelnden darstellen.

Archimedischer Punkt und steter Hintergedanke beim Lesen dieser Arbeit soll sein, dass Alkibiades' Liebe und Verehrung Sokrates gegenüber auf der fälschlichen Annahme beruht, Sokrates sei in seinem Wesen das Maß alles Guten und Schönen. Stimmt man mit der propädeutischen Auffassung der Grundthesis zum *Symposium* überein, intendiert Platon zu vermitteln, dass Sokrates zwar ein nach der Weisheit und Schönheit suchender Philosoph ist, jedoch ohne den Anspruch, sich selber als solche Dinge besitzenden zu bezeichnen.

Teilweise Schwierigkeiten der Textinterpretation liegen in der Bestimmung Platons Absicht, wenn er stets andere und dritte sprechen lässt. Dies sei in der Reflexion betrachtet.

A. Erörterung des thematischen Rahmens dieser Arbeit

1. Allgemeine Interpretation und Auffassung der Grundthesis des *Symposium*

Platon thematisiert im *Symposium* - oder auch *Das Gastmahl*, ein Werk seiner mittleren Schaffensperiode - die Liebe bzw. die Vorstellungen der Symposianten vom Liebesgott Eros. Der Reihe nach tragen die Teilnehmer, aus zum Teil anderen platonischen Dialogen bekannt, ihre Rede vor; dem dramatischen Moment gebührend ist Sokrates' Rede zum Schluss platziert, um die Ansichten der anderen im Zuge seiner Äußerungen indirekt abzugleichen und zu revidieren.

Der Trugschluss, den Sokrates den Vorrednern in seiner Rede unterschiebt, ohne ihn als solchen zu explizieren, beinhaltet die Annahme, Eros sei ein Schönheit und Tugend besitzender Gott, der die Menschen an jenen Gütern teilhaben lässt.
Sokrates, der sich auf eine Unterweisung bei der anerkannten Seherin Diotima beruft, legt dar, dass auch Eros weder schön noch gut und genau genommen auch kein Gott sein könne, sondern *Mittler* zwischen Menschlichem und Göttlichem sein müsse. Zu der Schlussfolgerung gelangt man, wenn eingesehen wird, dass Eros weder nach Schönheit noch nach Gutheit streben würde, wenn er diese Dinge bereits besäße. In diesem Sinne ist er ein „Daimon", der weder etwas hat, noch Entsprechendes ist. Er steht zwischen den Dingen und kann sie nie für sich besitzen. (Apelt, In: Platon 1960, S. 36)

Er ist demnach dasjenige Tätige, das sich, wie auch den Menschen, über den Genuss der äußeren Schönheit hinaus zur Schau des Ewigschönen und somit auch zur Weisheit und Tugendhaftigkeit drängt. In diesem Sinne kommt Eros dem Philosophen, und so Sokrates, gleich, der in *dialektischen* Zügen zur höchsten Erkenntnis zu klimmen strebt – ganz im Geiste Platons Ideenlehre/-schau. (ebd.)

Die Zurkenntnisnahme des Eros im Sokrates, sofern er Philosoph ist, geschieht ebenso unterschwellig beim Lesen der Lektüre, wie die Vorfindung des dialektischen Moments als etwas, auf dessen Gerüst sich das *Symposium* als Ganzes stützt:
Die Sophisten, Sokrates' Vorredner, beeindrucken mit monologischer Rhetorik, und die einfältigen Argumente bleiben erst unerkannt. Der Philosoph, Sokrates im Gespräch mit Diotima, bedient sich der dialogischen Nacherzählung, in der Meinungen und Plausibilitäten

entlarvt und zu Gunsten einer Wahrheit eingetauscht werden, um den Prozess auf höherer Stufe von vorne zu beginnen. Diesen dialektischen Gang durchschreitet das *Symposium* gleichermaßen auf der Metaebene, indem der schwadronierende, monologische Weg der Sophisten zum Erwerb eines adäquaten Begriffes des Eros durch das Stecken eines weisheitbescheidenen, dialogischen Pfads des Philosophen neu ausgelegt wird.

Die allgemeine Interpretation und Auffassung der Grundthesis des *Symposium* umfasst im Kern zwei wesentliche Komponenten:

1. Eros ist etwas Tätiges und nach Schönheit und Weisheit Strebendes und kommt somit dem Ideal des Philosophen, also Sokrates, gleich.
2. Die Schau der Idee von Schönheit und Weisheit unterliegt einzig der dialektischen Methode, die aufgrund des Nichts-Wissens durch ihren Perspektivwechsel gekennzeichnet ist.

2. Die Kontextualisierung des Auftritts des Alkibiades auf formaler und inhaltlicher Ebene

Auf formaler Ebene geschieht das, wofür dem *Symposium* seine Kuriosität zugeschrieben wird. Nachdem Sokrates als letzter Redner in der Runde sein Gespräch mit Diotima, und den daraus entstandenen Begriffsgewinn über Eros, wiedergegeben hat und somit ein intellektuelles Ergebnis des Symposiums konstatiert wurde (Eros als Mittler zwischen Menschen und Göttern, der weder schön noch gut sein kann), kippt die Stimmung, indem die Trinklaune überhand gewinnt – symbolisiert durch den Auftritt des betrunkenen Alkibiades.

Auf inhaltliche Ebene gebracht:
Alkibiades betritt das Symposium von Bekannten und einer Flötenspielerin gestützt. Sein Anliegen ist es, den schönen Agathon zu bekränzen bzw. ihm auf diesem Weg seine Liebe zu gestehen. Erst auf dem zweiten Blick erkennt er Sokrates, seinerseits Agathons zugeneigt, und verfällt gleich in Demut, da man nur eben ihn aufgrund seiner Weisheit und tatsächlichen Schönheit ehren und lieben könne.

Desweiteren erklärt er sich zum Symposiarchen und fordert die Nüchternen zu trinken auf (was unter Applaus Zustimmung findet), erfährt von der Thematik des Abends (Eros) und hebt an, eine Lobrede auf Sokrates zu halten, den er einst liebte, aber nicht endgültig für sich gewinnen konnte, und zu dem er seither eine Hassliebe pflegt. Er sagt, er wolle Sokrates entblößen, intendiert aber, ihm in der vermeintlichen Verspottung zu huldigen, was beides auf Sokrates' Ablehnung stößt. Sokrates genehmigt ihm sodann doch das Wort, allein unter der Prämisse, dass Alkibiades sagen könne, was er wolle, solange er sich an die Wahrheit hält, da sich dieser niemand verwehren dürfe, also auch nicht Sokrates selbst.

B. Verschriftlichung der Analyse

1. Alkibiades' Sicht auf Sokrates' Wesen

i) Silenen-Gleichnis [*215a-b/ 221d-e/ 222a*][1]

Das erste, was Alkibiades anführt, um „Sokrates […] in Bildern zu loben", ist der Vergleich mit den Silenen, bei denen es sich vermutlich um Gussformen für die Herstellung wertvoller Satyr-Figuren, also Flötenspielerstatuen, handelt. (Paulsen/ Rehn 2006, S.179)

Von außen eher schlicht vermögen sie dementsprechend mit ihren inneren Eigenschaften zu glänzen, da sie, „wenn man [die Silenen] auseinanderklappt, in ihrem Innern Götterbilder zum Vorschein bringen". So ist laut Alkibiades auch das Wesen Sokrates' beschaffen, welcher trotz ungeschmückter, direkter Sprache und Erscheinung als Einziger Verstand, Göttlichkeit und Standbilder der Tugend zu vermitteln im Stande ist.

ii) Satyr-Marsyas-Gleichnis [*215b-d/ 221e*]

Der nächste Vergleich gilt Sokrates mit dem Satyr Marsyas, der so wundersame Melodien erfand, dass deren Erklingen stets göttergleich schön war, egal, von wem oder wie sie gespielt wurden, da sie für sich vollendet waren. Alkibiades möchte hiermit die Universalität der Reden Sokrates' betonen. Jeder ist in der Lage, seine Weisheiten auszusprechen. Der Wahrheitsgehalt seiner Reden ist von ihm unabhängig. Offenbar war Marsyas auch nicht sehr hübsch, wenn Alkibiades sagt: „Dass du diesen im Aussehen ähnlich bist, Sokrates, bestreitest wohl nicht einmal du selbst".

---

[1] Ist die Zäsur zwar Ausgaben übergreifend, beziehen sich doch Seitenzahlen im Folgenden stets auf die Paulsen/Rehn Ausgabe. Reclam 2006

iii) Synthetisierung beider Gleichnisse

Zusammengefasst ergeben diese oben genannten Gleichnisse zwei Eigenschaften, die Alkibiades Sokrates einräumt.

- zum ersten ist da der Gegensatz zwischen der äußeren und der inneren Schönheit Sokrates'. Er zwar nicht besonders hübsch, glänzt jedoch mit seinen inneren Werten und Eigenschaften. Analog verhält es sich mit der Wortwahl, die zwar bescheiden ist, aber im selben Zuge eine bedeutungsschwere Weisheit in sich trägt.

- die zweite Eigenschaft hebt die Universalkraft von Sokrates' Reden hervor, welche durch ihren Wahrheitsgehalt vom Redner losgelöst sind und von jeder anderen Person auch wiedergegeben werden können.

2. Alkibiades' Verhältnis zur Philosophie und zu Sokrates

i) Das Schlangenbiss-Gleichnis [217e/ 218a]

Den Schmerz, den Alkibiades nach Gesprächen mit Sokrates verspürte, gebunden an die Tatsache, nicht mit ihm zusammenkommen zu können, illustriert er anhand eines Schlangenbiss-Gleichnisses.

Das Opfer eines Schlangenbisses, als das er sich in diesem Bild versteht, könne laut Sprichwort nur mit solchen über seine Schmerzerfahrung reden, die selbiges erlitten hätten, da nur jene Leid nachvollziehendes Verständnis aufzubringen imstande seien.

Die Rolle der verständnisvollen Leid-Verbündeten erteilt er den restlichen Symposianten, da er zu wissen glaubt, dass jeder von ihnen bereits entsprechende, durch Sokrates hervorgerufene, Gefühle verspürt haben müsse. Somit kommt in diesem Bild Sokrates der Schlange gleich: Zum einen aufgrund der „Gedanken der Philosophie, die heftiger zupacken, als eine Schlange, wenn sie eine junge, nicht unbegabte Seele zu fassen bekommen";

und im besonderen Falle Aklibiades', dessen Liebe zu Sokrates unerwidert blieb.

ii) Alkibiades' Gefühl der Unantastbarkeit Sokrates' sowie die Unerreichbarkeit des Schönen

Das Schlangebiss-Gleichnis ist von Alkibiades' Versuchen umrahmt, mit Sokrates zusammenzukommen, in dessen Gestalt er das Schöne, Gute und Wahre vereint sieht. Er trieb mit Sokrates Sport, lud ihn zum Essen ein, überzeugte ihn endlich beim zweiten Versuch davon, bei ihm zu nächtigen und gestand ihm schließlich, dass er ihm auch bei allen körperlichen Begierden zu Diensten stehen würde. Sokrates reagierte wie folgt:

> „[…] wenn denn wirklich wahr ist, was du über mich sagst, und irgendeine Kraft in mir ist, durch die du wohl besser werden könntest. Du würdest dann wirklich in mir eine überwältigende Schönheit sehen, die deine Schönheit bei weitem überragt.“
>
> [*218d/e*]

Sokrates schlief besonnen ohne weitere Wünsche ein, was für Alkibiades eine Kränkung darstellte, wünschte er sich dem Schönen und Guten noch näher bzw. der Erfüller derer Begierden zu sein und fühlte er sich durch Sokrates' Reaktion so bestätigt. Dass Sokrates eine Prämisse aufstellte, um Alkibiades an seiner vermeintlichen Schönheit teilhaben zu lassen, entging ihm offenbar in seiner Euphorie:
Wenn wahr ist, dass Sokrates wahre Schönheit besitzt, so kann er Alkibiades daran teilhaben lassen (s.o.).
Der Wahrheitsgehalt dieses Satzes steht zwar für Alkibiades außer Frage (und deswegen fühlte er sich auch so bestätigt), bedeutete für Sokrates allerdings die Negierung seiner Auffassung, auch nur irgendetwas wissen oder gar Wissen besitzen zu können. Seiner Natur gemäß ist für Sokrates also dieser Satz nicht wahr, folglich kann er Alkibiades nicht daran teilhaben lassen. Alkibiades sieht die Prämisse erfüllt und verzweifelt an der nicht eintretenden, aber erhofften Teilhabe, obwohl Sokrates ihn explizit darauf hinwies, diesen Satz zu prüfen, wenn es weiter unten heisst:„Schau also, mein Bester, genauer hin, damit dir nicht entgeht, dass ich womöglich gar nichts bin". [*218e/219a*]

Die Unantastbarkeit Sokrates' symbolisiert für Alkibiades die Unerreichbarkeit des geistig Schönen und ist Verursacher des im Schlangenbiss-Gleichnis erwähnten Schmerzes.

Weitergehend ist es die Unerreichbarkeit des schönen Agathon, in den Alkibiades nun verliebt ist und die, neben der Unantastbarkeit des Sokrates selber, den Entzug des Schönen *überhaupt* darstellt, welcher ebenso in Sokrates' Begründung findet, wenn dieser dafür sorgt, dass sich Agathon von Alkibiades weg begibt und sich neben Sokrates legt. [*223a*]

Alkibiades ist sowohl der geistigen, als auch der körperlichen Schönheit entzogen. Der geistigen, welche er Sokrates zuspricht, und der körperlichen, die er Sokrates unterstellt, ihm nicht nur genommen (in Form der Verwehrung der Erfüllung Sokrates' Begierden), sondern auch anstelle seiner dispositioniert zu haben (in Form von Agathon an der Seite Sokrates'). [ebd.]

Somit steckt er in einer Zwickmühle - die Hassliebe zu Sokrates. Zum einen ist er ständig den schönen Dingen unterlegen und sie sind stets präsent, zum anderen kann er aber sie nie für sich fassen. Immer wieder verdeutlicht er den anderen Symposianten, wie weise, tugendhaft und besonnen Sokrates sei und es das Richtigste sei, nur diesem und seinen Ansichten zu glauben und verkennt, welche bescheidene Sicht auf sich selbst Sokrates einzunehmen pflegt.

Warum Alkibiades diesen Entzug erleiden, und warum Sokrates, der Philosoph, als Urheber dieses Leids angesehen werden muss und was er in dieser Urheberschaft nur beabsichtigen kann, möchte ich im folgenden Kapitel behandeln – in meiner textübergreifenden Interpretation.

3. Eigene Interpretation und Bedeutung Alkibiades' Rede mit Rückbezug zur allgemeinen Auffassung der Grundthesis des *Symposium*

Alkibiades Funktion liegt in der Verkörperung desjenigen sophistischen Gedankenguts, welches den Tenor vor Sokrates' Rede darstellte, und in der unmittelbaren Anwendung dieser Augenscheinlichkeit und Bestimmtheit, zur Pointierung und Karikierung derselben.

Genauso wie die der Sophistik nahe stehenden Redner vor Sokrates verkennen, dass Eros, der nach Schönheit und Tugendhaftigkeit strebt, nicht diese Dinge aktuell besitzen kann, sieht Alkibiades nicht, dass es sich mit Sokrates ebenso verhält. Verehren die Sophisten Eros in diversen Spielweisen, verdeutlicht Diotima im Zwiegespräch mit Sokrates, dass Eros ein unvollkommener - zwischen gut und schlecht, hübsch und hässlich stehender - Daimon ist. Eros' Funktion als Mittler zwischen Menschen und Göttern, da er in Bezug auf Schönheit, Gutheit und Tugend stets das ist, was zwischen den Dingen steht, überträgt sich während der Lektüre auf Sokrates. Er sieht in sich die menschliche Fehlbarkeit und Unzulänglichkeit, Alkibiades sieht in ihm einen Guru, einen Gott auf Erden.

Und Alkibiades sehnt es nach Inbesitznahme des Schönen.

Er vermengt die seelische Schönheit, der er sich in Sokrates zugezogen fühlt, mit der Schönheit, die mit Körperlichkeit und Begierde bzw. mit der Erfüllung derer einhergeht. Dass er zweitere nicht erlangt, resultiert daraus, dass er erstere fälschlicherweise voraussetzt, wie in 2. ii) aufgezeigt. Derjenige, der die seelische Schönheit nicht voraussetzt, schaut durch Erfahrung des Schüler-Lehrer-Verhältnisses eventuell die Idee des wahrhaft Schönen, welches durch den Dialog gekennzeichnet ist (auch wenn die Erfahrung der Körperlichkeit als Abbild des Schönen u.U. dazu gehört und es aus heutiger Sicht pervers anmutet) – diese Funktion des Vorurteil unbehafteten gehört Agathon zugeschrieben:

Sokrates bestreitet, seelisch schön zu sein, da Schönheit suchend, und ist weitergehend kein Freund der Vermengung, die oben genannt wurde. Er lobt Alkibiades' Drang nach Gutheit und Richtigkeit, gewehrt ihm aber keine Wünsche, solange Alkibiades in seinem Drang nach Inbesitznahme des Schönen zu Überstürzen neigt. Scheinbar ist Agathon nicht jener Naivität unterlegen und verehrt Sokrates nicht bedingungslos, sondern sieht in ihm eher das, als was Sokrates sich selber versteht: Einen bescheidenen Mann, der nach dem Wahren, Guten und Schönen strebt.

Sokrates ist sich der Konsequenz, in *anderen* womöglich selbige Begeisterung hervorzurufen, bewusst. Dass diese *anderen* u.U. in ihrer Naivität in blinde Liebe verfallen, ist ihm sicher ein Dorn im Auge, aber anhand seiner Reaktionen auf den oben genannten Versuch Alkibiades', ihm beizuwohnen, scheint er damit umgehen zu können. Die Tatsache allerdings, dass er Agathon sich nahe kommen lässt, macht deutlich, inwiefern Agathon zu Alkibiades verschieden sein muss: Die Begeisterung, die Sokrates in ihm verursachte, veranlasste ihn offenbar nicht, Sokrates bedingungslos zu verehren, sondern ihm zuzuhören. Dieser Rückschluss geht zwar nicht aus der Lektüre hervor, ist aber aus Alkibiades' Äußerungen und aus dem Zusammensein Agathons und Sokrates' abzuleiten.

Hierin, so meine ich, zeigt sich auch, dass Sokrates es Alkibiades eine Lehre sein wollte, als er ihn nicht gewähren ließ. Der Entzug des vermeintlich Schönen, welches Sokrates gar nicht zu besitzen glaubt, Alkibiades aber in ihm sieht, ist als solcher bewusst und willentlich von Sokrates, dem Philosophen, intendiert und damit gebührt ihm auch die Urheberschaft. Allerdings ist die Bedeutung dieses Entzugs nicht im Sinne einer Läuterung zu verstehen, sondern unterliegt dem Willen, in Alkibiades einen Perspektivwechsel hervorzurufen. Teil der dialektischen Methode ist die im übertragenen Sinne zu verstehende Hebammenkunst, nach der Erkenntnis nicht vermittelt wird, sondern selber im Geist des Erkennenden zu „gebären" verholfen wird – wie die Hebamme die Geburt eines Kindes der Schwangeren begleitet ohne selbstverständlicherweise selbst zu gebären.

Alkibiades soll selber erkennen, dass er sich in Sokrates irrt. Dieser liefert ihm zwei Hilfestellungen. Zum einen lässt er ihn nicht gewähren, zum anderen zeigt er aber, dass Agathon dem näher kommt. Hinter der vermeintlichen Ungerechtigkeit soll Alkibiades die logische Berechenbarkeit entlarven. Wer wie Alkibiades somit die Rolle des Sokrates als Mittler verkennt, als zwischen den Dingen stehend, gelangt in eine Aporie, der nach Platon nur durch die Anwendung des dialektischen Perpektivwechsels vorzubeugen ist.

Offen bleibt, inwiefern die sophistischen Rhetoriker der Rede des Sokrates und des damit einhergehenden Verständnisses des Eros als Daimon zustimmen, da aufgrund des Auftritts von Alkibiades zu reagieren keine Möglichkeit gegeben ist. Anzunehmen ist, dass Platon jene Reaktionen bewusst offen ließ. Allerdings ist davon auszugehen, dass das sophistische Gedankengut auf der Metaebene genauso dieser Aporie ausgesetzt zu sein bestimmt ist, solange es auf der Prämisse insistiert, Streben und Inbesitznahme nach Wahrem und Gutem sei augenscheinlich erfolgversprechend und der wahrheitverkündene Monolog sei offensichtlich erkenntnisverheißend. Sollten sie jedoch Sokrates' Rede begriffen und vorgehabt haben, auf ihn weiter eingehen und ihn weiter befragen zu wollen, hätte bei ihnen eben jener dialektische Perspektivwechsel statt gefunden, den Platon beim Schreiben stets im Hinterkopf trug.

Vielleicht wollte Platon auch vermitteln, dass die leichteste Verarbeitung der philosophischen Aporie der Ausweg in die Zerstreuung ist: im *Symposium* gleichgesetzt mit dem Besäufnis.

Dass, nach Sokrates' Rede, der betrunkene Alkibiades hineinstürmt, um erst den schönen und von ihm geliebten Agathon zu bekränzen, dann jedoch bei der Zurkenntnisnahme Sokrates' die Verehrung demütig eben jenem widmet, ist zum einen humoristisches Kalkül Platons, spiegelt zum anderen auf weltlicher Ebene den Trugschluss wider, den Sokrates wenige Minuten zuvor aufzuzeigen gewillt war:

Liebe und Begehren in Bezug auf das Wahre, Schöne und Gute, ob äußerlich oder innerlich, idealisiert in Eros und personifiziert in Sokrates, unterliegt für Platon keinem stringentem Weg, der Ziel verheißend ist, sondern offenbart sich in der dialektischen Methode, die durch den Perspektivwechsel gekennzeichnet ist und der Augenscheinlichkeit Abbruch tut. Zwar vollzieht Alkibiades einen Perspektivwechsel (von Agathon auf Sokrates), leider ist dieser durch eben jene Augenscheinlichkeit gekennzeichnet. Es ist, wie im Höhlengleichnis, die Abkehr vom Unmittelbaren zur Schau höherer Ideen, welche die dialektische Methode prägt. Alkibiades treibt es bloß von einem Unmittelbaren zum nächsten und verharrt in der Aporie – ebenso wie die Sophisten der Reihe nach von einer oberflächlichen Betrachtung des Eros zur nächsten gelangen.

Konkret manifestiert sich die dialektische Methode im vorurteilsfreien Dialog, auf den die Sophisten aufgrund Alkibiades' Auftritts nicht eingehen können, von dem sie aber vor Sokrates' Rede nichts wussten; aber mehr noch in Alkibiades, der Sokrates nicht richtig zuzuhören im Stande ist und in ihm deswegen immer noch fälschlicherweise alles Gute, Wahre und Schöne vereint sieht.

C. Beurteilung und Reflexion

Abschließende Betrachtung

Es ist erstaunlich, auf wie vielen Ebenen Platon im *Symposium* arbeitet.

Zum einen ist es der Konflikt „Sophist vs. Philosoph", der sich durch den Unterschied in den Methoden kennzeichnet: Der Sophist versucht mit der Kunst der Rhetorik seine Gegenüber von der Wahrheit zu überzeugen; der Philosoph entscheidet sich für die dialektische Methode und den Versuch, im Dialog der bescheidenen Wortwahl mithilfe der „Hebammenkunst" Abbilder des Wahren zu „gebären", um deren höheren Ideen zu schauen.

Die nächste Ebene beinhaltet die Verkörperung des sophistischen Gedankenguts in Alkibiades, der nicht zuzuhören vermag und auf niedrigster Erkenntnisstufe zu verharren bestimmt ist, solange er in seiner Aporie nicht den Blick auf die Dinge hinterfragt, was nicht bedeutet, dass er grundsätzlich ein schlechter Mensch ist.

Weitergehend ist es die Ähnlichkeit zwischen dem Diotima-Eros und Sokrates, deren Eigenschaften dieselben sind: Zum Schluss sind sie beide Mittler zwischen Weltlichem und Göttlichem und Verursacher des Dranges, nach Höherem zu streben und das Reich des Logos zu schauen. Die Sophisten verhalten sich auf diese Weise gegenüber Eros, wie Alkibiades sich Sokrates gegenüber verhält.

Zum Schluss offenbart sich noch eine zugleich wichtige und erstaunliche Ebene, die noch nicht angesprochen wurde. Und zwar in dem, was der Leser während der Lektüre erkennt: Das Gastmahl ist nicht bloß eine Zusammenkunft einiger Freunde, die trinken und über Liebe und Intimitäten schwadronieren wollen, mit mehrfachen oben genannten Botschaften, die Platon in diesen Dialog einbaut und Stück für Stück ans Tageslicht kommen. Auch hier hinter liegt noch eine Ebene – die „Kommunikation" Platons' mit dem Leser:

Somit ist es in erster Linie Platon als Autor, der die dialektische Methode anwendet, auch wenn er es dem Leser nicht immer leicht macht, zu verdeutlichen, was er ihm mitteilen möchte, wenn er andere und dritte sprechen lässt, was jedoch insbesondere Gegenstand dieser Methode ist. Es ist Apollodores, der einem Freund in indirekter Sprache berichtet, wie das Symposium einst statt gefunden habe, zu einer Zeit, als beide noch Kinder waren. Erzählt bekommen habe er es von einem gewissen Aristodemos, der bei der Zusammenkunft dabei gewesen sein soll, allerdings im Dialog selber nicht zu Worte kommt, wodurch seine tatsächliche Anwesenheit anzuzweifeln und zu fragen ist, ob auch Aristodemos die Geschichte nur weitergegeben hat.

So ist das *Symposium* eine zweifache bzw. dreifache Nacherzählung, je nachdem, ob Aristodemos dabei war oder nicht, sogar eine Vierfache, wenn Sokrates seine Unterredung mit Diotima wiedergibt; eine Fünffache, beziehen wir Platon nicht als Autor, sondern als Nacherzähler mit ein.

Das zu Wort Kommen anderer und dritter, von Platon intendiert, ist problematisierbar. Der Leser kann nämlich den Gedanken fassen, dass Apollodores als großer Verehrer des schon gealterten Sokrates eventuell das eine oder andere mit Alkibiades teilen und die Nacherzählung stark zu Gunsten Sokrates' ausgefallen sein könnte und somit die gesamte Erzählung nicht genau der Wahrheit entspricht, ähnlich wie es in dem Kinderspiel „Stille Post" geschieht. Es muss gefragt werden, welchen anderen intellektuellen Zweck dieses Vorspiel sonst hat.

Diese durch das Vorspiel eventuell verzerrte Wahrheit tut dem *Symposium* jedoch nur bedingt Abbruch in Anbetracht der Funktion, die Platon bereits Alkibiades zugeschrieben hat. Ob die

Vergötterung Sokrates' zum Vorteil desselben geschildert wird, also gedoppelt wird, ist belanglos. Eine Übervorteilung kann nicht durch eine zusätzliche verfälscht werden bzw. bricht Sokrates mit seiner Rede und seinem Verhalten gegenüber Alkibiades mit jeglicher wie auch immer gearteten Verehrung seiner Person, und dieser Bruch gilt sodann auch jenen Verehrungen, die ihm zusätzlich durch dritte zuteil werden.

Dass Platon Sokrates' Reaktion auf Alkibiades und Abwendung von hiesigen Verehrungen seiner Person durch die Wiedergabe dritter verfälschen will, ist *nicht* anzunehmen, da ja nun dies den wichtigen Teil des zu Vermittelnden darstellt. Das diverse Aufkommen und die mehrfache Überlagerung des Trugschlüssigen (in den Sophisten, in Alkibiades und den Nacherzählern der Geschichte), soll mannigfaltiges sophistisches Gedankengut karikieren. Entscheidend kann für Platon nur sein, was dem Philosophen, sprich Sokrates, in den Mund zu legen ist und dieses ist der Bruch mit dem Sophistischen, was er einsehbarerweise zu verfälschen nicht intendiert haben kann.

Problematisiert soll die Person des Sokrates allerdings auch werden, die zwar bescheiden ist, aber doch nicht ganz ohne ein gewisses Wissen auskommen kann, wenn sie stets tugendhaft und weise handelt.

Einerseits ist einzusehen, wie bescheiden und aufrichtig Platon Sokrates darstellen möchte, allerdings ist festzuhalten, dass es in der Hebammenkunst einer Hebamme bedarf, die schon einiges über das Gebären von Kindern *wissen* sollte, soll sie eine *gute* Hebamme sein. So muss es sich auch mit Sokrates verhalten, dem schon das Innetragen eines gewissen Grads der zu absolvierenden Erkenntnisstrecke, sei sie auch dialektisch, zuzusprechen ist - soll er ein *guter* Philosoph sein. Ist Sokrates also Hervorbringer von Erkenntnis beim Gesprächspartner, ist schwer dagegen zu argumentieren, dass Sokrates nicht auch schon etwas weiß und dieses Wissen vermittelt und somit u.U. Sophist ist. Wie sich Diotima, auf deren Wissen sich Sokrates beruft und somit auch Wissen zuzuschreiben ist, zu Sokrates verhält, soll zeigen, wie sich der gute Lehrer zum Schüler verhält. Also muss dem Philosophen, und gerade Sokrates, etwas dem Wissen ähnlichem zugeschrieben werden. Man könnte zwar einwenden, der gute Philosoph sei bloß der dialektischen Methode mächtig und einer Methode unterliegt nicht notwendig konkretes Wissen. Allerdings wäre das Gegenargument dafür, dass Sokrates dann das Wissen und die Gewissheit darüber haben müsste, *warum* diese Methode die richtige sei, sonst müsste man ihn der Willkür bezichtigen und ihm sodann nicht das Prädikat „gute", sondern „fahrlässige Hebamme" zusprechen. Jedoch ist Sokrates weniger willkürlich, als vielmehr bescheiden.

Letztendlich besitzt er doch zumindest ein Quäntchen Wissen und der Sophisten-Vorwurf ist nicht unberechtigt, wenn auch aufgrund der dialektischen Methode, derer sich Sokrates bedient, ebenso nicht wasserdicht, ist er doch sein Wissen nicht zu indoktrinieren gewillt.

Wahrscheinlich ist Sokrates irgendetwas zwischen Philosoph und Sophist, steht er doch als Daimon, den Platon in ihm sieht - *zwischen* den Dingen.

Wenn ich nun sage, dass sowohl das Phänomen der mehrfachen Erzählebenen im *Symposium*, als auch das Phänomen der Person des Sokrates problematisiert werden *können*, meine ich damit, dass sie in Platons Sinne problematisiert werden *sollen*; dass diese zu problematisieren pädagogisches Kalkül Platons' ist. Ich wage diese These in Anbetracht der Tatsache, da diese zwei Phänomene so offensichtlich sind und es abwegig ist, Platon diese Intention nicht zuzusprechen, gemessen an dem, was er im *Symposium* so sehr vermitteln will: Die Abkehr vom Mythos zum Logos durch den dialektischen Perspektivwechsel, d.h. die Entmythisierung des Eros auf erster Ebene, und die Entmythisierung des Sokrates auf zweiter Ebene. Nicht nur Alkibiades soll sich vom „Mythos Sokrates" befreien, auch der Leser soll die Fehlbarkeit und Relativität des Sokrates im Logos schauen. Platon gibt diese zwei Phänomene als Hilfestellungen.

Literaturangabe

- Platon: Symposium. Stuttgart: Reclam 2006
- Platon: Das Gastmahl. Hamburg: Felix Meiner, 1960